Deutschkurs für Asylbewerber

Thannhauser Modell

Arbeitsheft Farsi/Dari

مكالمه روزمره زبان آلمانى

mit Untertiteln in persischer Sprache

Autoren

Karl Landherr
Isabell Streicher
Hans Dieter Hörtrich

Unterstützt durch

 Auer

Inhaltsverzeichnis

Mein Steckbrief | Das kann ich gut. Das mache ich gerne | Ich arbeite als Altenpfleger | Ich arbeite als Hausmeister | Ich arbeite im Restaurant | Ich gehe schwimmen | Wir schützen gemeinsam unsere Erde | Das Alphabet | Das kann ich schon (Kurzgrammatik)

Gedruckt auf umweltbewusst gefertigtem, chlorfrei gebleichtem und alterungsbeständigem Papier.

1. Auflage 2016
Nach den seit 2006 amtlich gültigen Regelungen der Rechtschreibung
© Auer Verlag
AAP Lehrerfachverlage GmbH, Augsburg
Alle Rechte vorbehalten

Layout: Markus Landherr
Illustrationen: Maria Landherr
Satz: Markus Landherr
Herzlichen Dank Herrn Dr. Kamran Fallahi (Filderstadt) für die Untertitel in persischer Sprache
Druck und Bindung: Joh. Walch GmbH & Co. KG
ISBN 978-3-403-07931-6

www.auer-verlag.de

1 Begrüßung, Vorstellung und Familie (خوش آمد، معرفی و فامیل)

1.1 Willkommen (خوش آمد)

Hallo!
هلو!

Willkommen!
خوش آمدید!

Danke!
متشکرم!

Bitte!
بفرمائید!

Auf Wiedersehen!
خداحافظ!

Tschüss!
خداحافظ/ تا بعد!

1.2 Wie geht es dir? (حالت چطوره ؟)

du تو

dir به

Frage (سئوال)	Antwort (جواب)
Wie geht es dir? حالت چطوره ؟	Mir geht es (nicht) gut. حال من خوبست (خوب نیست)
Wie heißt du? *(heißt, ß=ss)* اسم توچیست / چیه؟	Ich heiße Simon. اسم من سیمون هست.
Woher kommst du, Simon? اهل کجا هستی، سیمون / از کجا میائی؟	Ich komme aus Syrien. من ار سوریه میآیم / اهل سوریه هستم.
Wo wohnst du? کجا زندگی میکنی؟	Ich wohne in _____ _____ من ساکن
Sprichst du Englisch? انگلیسی حرف میزنی؟	Ja, ich spreche Englisch. بلی، من انگلیسی حرف میزنم. Ich spreche ein wenig Deutsch. من کمی آلمانی حرف میزنم.

1.3 Wie geht es Ihnen? (حال شما چطوراست؟)

Sie

Ihnen

Frage (سئوال)	Antwort (جواب)
Wie geht es Ihnen?	Mir geht es (nicht) gut.
Wie heißen Sie?	Ich heiße Anton Maier.
Woher kommen Sie, Herr Maier?	Ich komme aus Deutschland.
Wo wohnen Sie?	Ich wohne in ...
Sprechen Sie Englisch?	Ich spreche ein wenig Englisch. Ich spreche kein Arabisch.

1.4 Meine Familie (خانواده من)

Das ist meine Familie. (این خانواده من است.)

Wir wohnen in _____ . Wir kommen aus _____ .

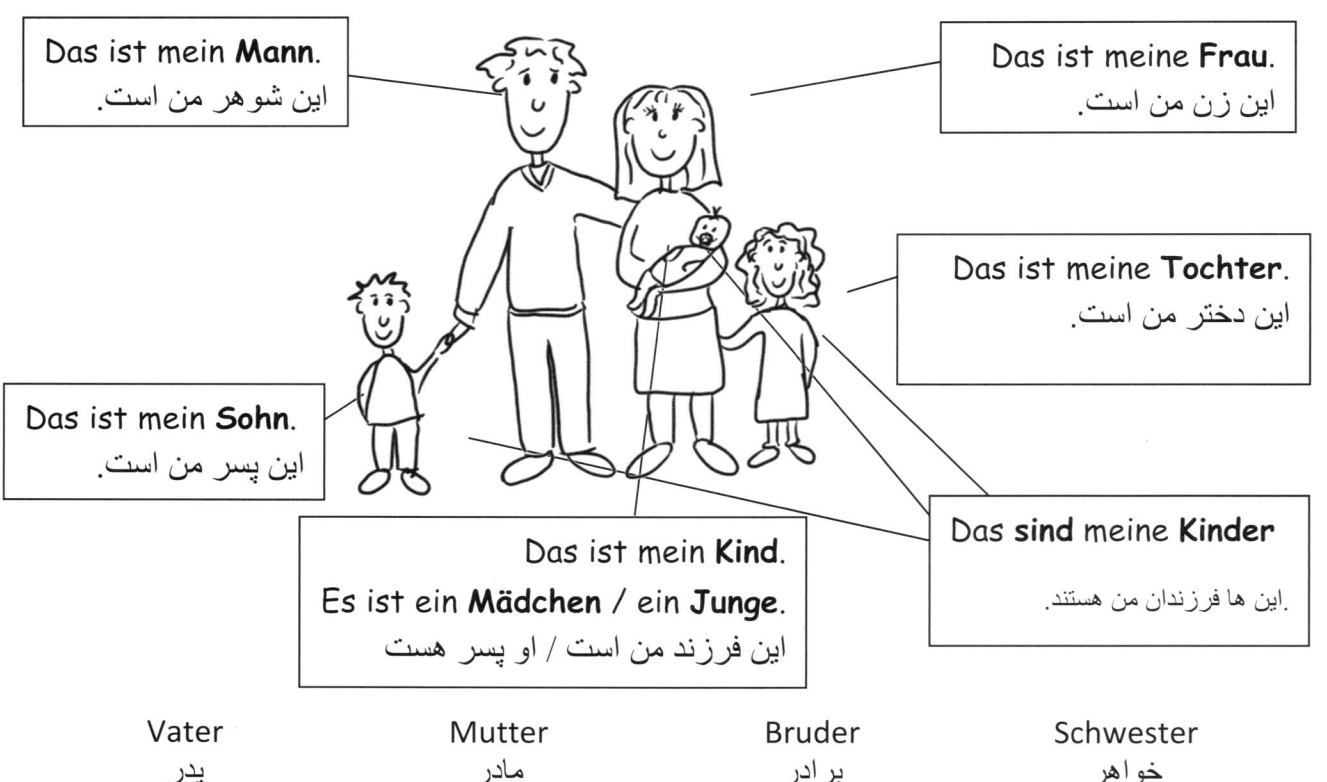

Das ist mein **Mann**.
این شوهر من است.

Das ist meine **Frau**.
این زن من است.

Das ist meine **Tochter**.
این دختر من است.

Das ist mein **Sohn**.
این پسر من است.

Das **sind** meine **Kinder**
این ها فرزندان من هستند.

Das ist mein **Kind**.
Es ist ein **Mädchen** / ein **Junge**.
این فرزند من است / او پسر هست

Vater	Mutter	Bruder	Schwester
پدر	مادر	برادر	خواهر

Landherr/ Streicher/ Höttrich: Arbeitsheft Farsi/Dari Deutschkurs für Asylbewerber

1.5 Ich mache etwas (من دارم کاری می کنیم) Wir machen etwas (ما داریم کاری می کنیم)

sprechen
(حرف زدن)

schreiben
(نوشتن)

fragen
(پرسیدن)

lesen
(خواندن)

hören
(گوش کردن)

malen
(نقاشی کردن)

Ich schreib**e**	**Wir** schreib**en**	Ich _____	Wir _____
Ich sprech**e**	**Wir** sprech**en**	_____	_____
Ich frag**e**	**Wir** frag**en**	_____	_____
Ich les**e**	**Wir** les**en**	_____	_____
Ich hör**e**	**Wir** hör**en**	_____	_____
Ich mal**e**	**Wir** mal**en**	_____	_____

1.6 Antworte und schreibe (جواب بده و بنویس)

Wie geht es dir?   Es _____

Wie heißt du?   Mein _____

Woher kommst du?   Ich _____

Wo wohnst du?   Ich _____

Sprichst du Englisch?   _____

2 Tagesablauf und Tageszeiten (برنامه و ساعات روز)

2.1 Der Tag (روز)

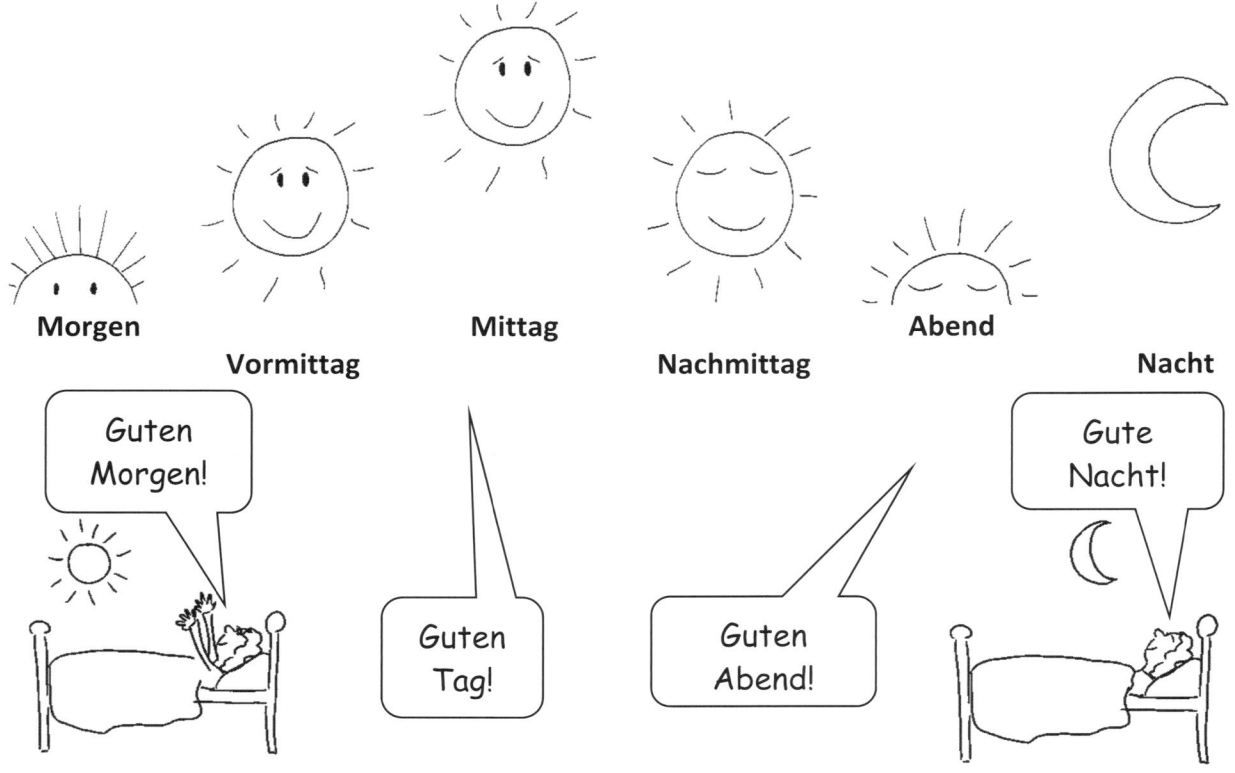

Morgen
Vormittag
Mittag
Nachmittag
Abend
Nacht

Guten Morgen!

Guten Tag!

Guten Abend!

Gute Nacht!

2.2 Was machst du heute? (امروز چه کار می کنی؟)

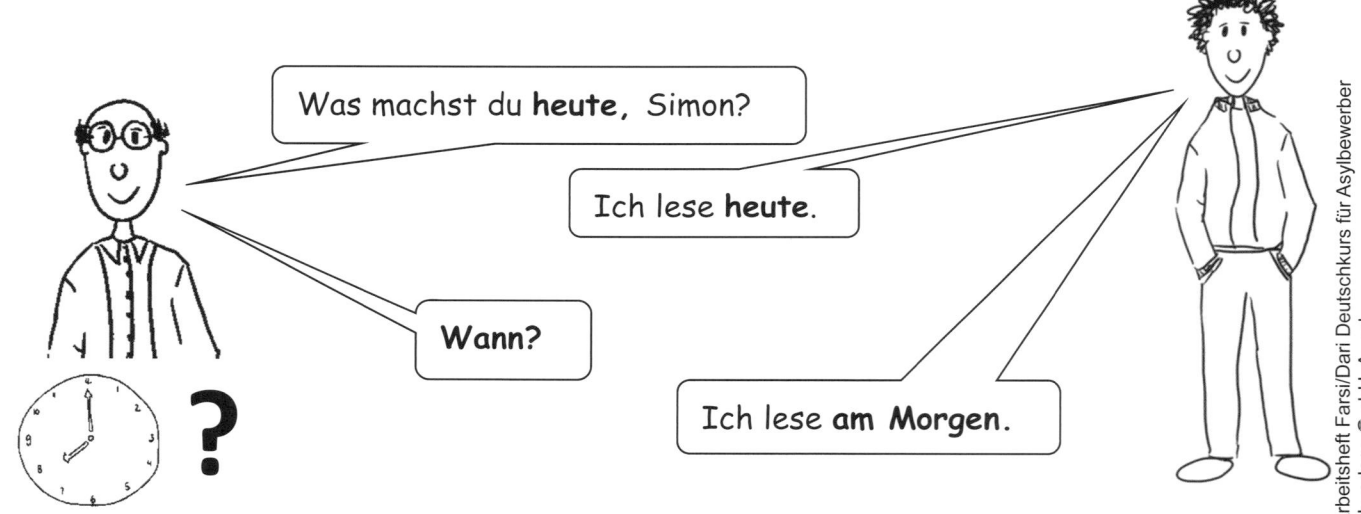

Was machst du **heute**, Simon?

Ich lese **heute**.

Wann?

Ich lese **am Morgen**.

Ich lese **am** Morgen.	Ich lese **am** Nachmittag.	Ich male _____
Ich lese **am** Vormittag.	Ich lese **am** Abend.	Ich _____
Ich lese **am** Mittag	Ich lese **in der** Nacht.	Ich _____

Landherr/Streicher/Hörtrich: Arbeitsheft Farsi/Dari Deutschkurs für Asylbewerber

2.3 Was machen Sie heute? (شما امروز چکار می کنید؟)

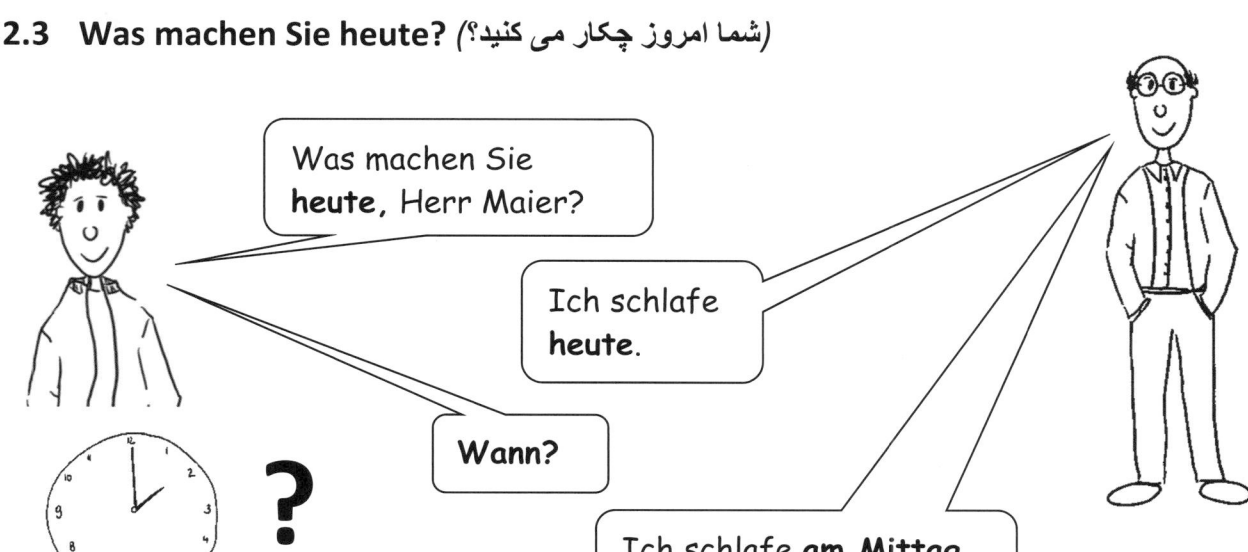

Ich lese am Morgen **und** am Abend**.**

Ich lese am Vormittag, am Mittag **und** in der Nacht.

2.4 Was machst du? Was macht ihr? (تو چه کار می کنی؟ تو ها چه کار می کنید؟)

Was **machst du**? **Ich** lerne Deutsch. **Ich** esse. **Ich** w _____

_____

Was **macht ihr**? **Wir** lernen Deutsch. **Wir** essen. **Wir** w _____

_____

2.5   Was machst du heute? (تو امروز چه کار میکنی؟)

Ich koche am _____

Ich esse am _____

Ich lerne Deutsch _____

Ich _____

_____

spazieren gehen
(گردش کردن)

Fußball spielen
(فوتبال بازی کردن)

einkaufen gehen
(خرید رفتن)

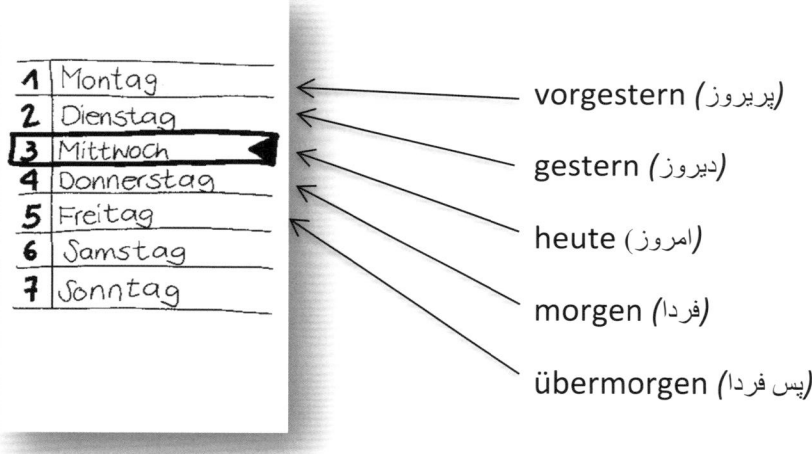

1	Montag
2	Dienstag
3	Mittwoch
4	Donnerstag
5	Freitag
6	Samstag
7	Sonntag

vorgestern (پریروز)

gestern (دیروز)

heute (امروز)

morgen (فردا)

übermorgen (پس فردا)

2.6   Was machst du morgen? (فردا چه کار می کنی؟)

Ich spiele Fußball am Vormittag. Ich _____

_____

_____

3 Wochentage, Zahlen, Farben und Uhrzeit
(روزهای هفته، اعداد/ارقام، رنگ ها و ساعات / ساعت ها)

3.1 Wochentage (روزهای هفته)

1	Montag
2	Dienstag
3	Mittwoch
4	Donnerstag
5	Freitag
6	Samstag
7	Sonntag

Heute ist …	Morgen ist …	Übermorgen ist …
Mittwoch	Donnerstag	Freitag
Montag		
Freitag		
		Montag

3.2 Farben (رنگ ها)

○ rot ○ orange ○ gelb ○ grün
○ blau ○ lila ○ braun ○ grau
○ weiß ○ schwarz ○ _____ ○ _____

Male die Wochentage aus. (روزهای هفته را رنگ کن .)

Montag: آبی	Dienstag: بنفش	Mittwoch: قرمز	Donnerstag: سبز
Freitag: قهوه ای	Samstag: نارنجی	Sonntag: زرد	

Welche Farbe hat …? (جه رنگی دارد؟...)

Welche Farbe hat der Montag?   Der Montag hat die Farbe blau. Der Montag ist blau.

Welche Farbe hat der _____?

Der _____ hat die Farbe_____. Der _____ ist _____

3.3 Zahlen (اعداد/ عدد ها)

1	eins	11	elf		
2	zwei	12	zwölf		
3	drei	13	drei**zehn**	30	drei**ßig**
4	vier	14	vier**zehn**	40	vier**zig**
5	fünf	15	fünf**zehn**	50	fünf**zig**
6	sechs	16	sech**zehn**	60	sech**zig**
7	sieben	17	sieb**zehn**	70	sieb**zig**
8	acht	18	acht**zehn**	80	acht**zig**
9	neun	19	neun**zehn**	90	neun**zig**
10	zehn	20	zwan**zig**	100	(ein)hundert

21	ein**und**zwanzig	41	ein**und**vierzig
22	zwei**und**zwanzig	26	sechs**und**zwanzig
101	ein**hunder**teins	240	zwei**hundert**vierzig
1990	neunzehn**hundert**neunzig	2015	zwei**tausend**fünfzehn

3.4 Wie alt bist du? Wie alt sind Sie? (تو چند ساله هستی؟ شما چند ساله هستید؟)

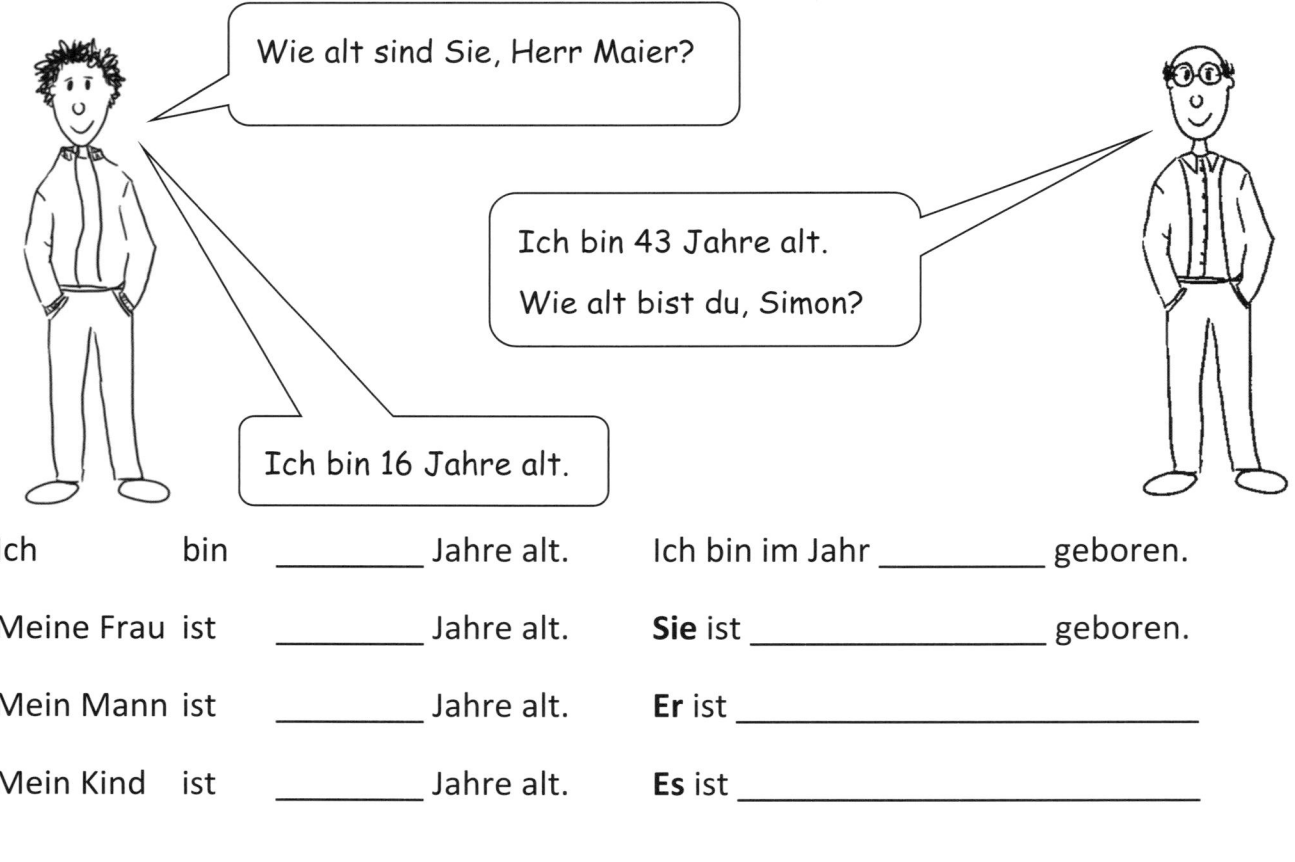

Ich   bin _____ Jahre alt.   Ich bin im Jahr _____ geboren.

Meine Frau ist _____ Jahre alt.   **Sie** ist _____ geboren.

Mein Mann ist _____ Jahre alt.   **Er** ist _____

Mein Kind   ist _____ Jahre alt.   **Es** ist _____

_____

Landherr / Streicher / Hörtrich: Arbeitsheft Farsi/Dari Deutschkurs für Asylbewerber

3 Wochentage, Zahlen, Farben und Uhrzeit
(ساعت ها / ساعات و ها رنگ ،ارقام/اعداد ،هفتـه یروزها)

3.5 Wie spät ist es? (ساعت چند ه؟)

Es ist...

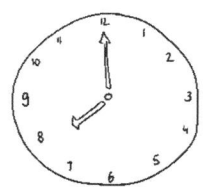
8 Uhr

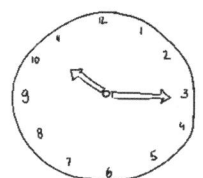
viertel nach 10

viertel vor 8

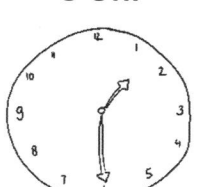
halb 2

5 nach 11

20 nach 6

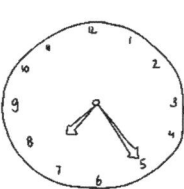
5 vor halb 8

5 nach halb 1

5 vor 12

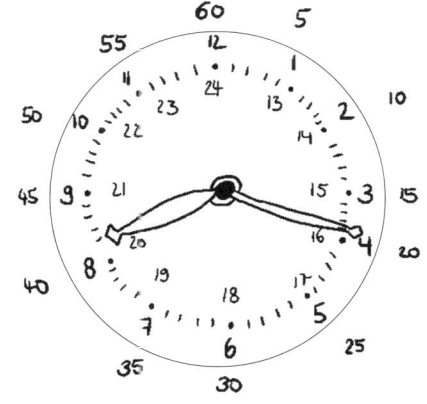

Wie viel Uhr ist es? (الان ساعت چنده؟)

Es ist...

08:00	*acht Uhr*	**22:15**	_____
10:15	*zehn Uhr fünfzehn*	**07:45**	_____
13:30	*dreizehn Uhr dreißig*	**18:09**	_____
11:05	*elf Uhr fünf*	**19:25**	_____

pünktlich (سَرِوقت)

zu spät (خیلی دیر)

4 Haushalt und Wohnen (وسایل منزل و زندگی)

4.1 Was ist das? (این چیه؟)

der Schrank   das Regal   der Herd   die Treppe

der Tisch   das Waschbecken   die Dusche   die Toilette

Das ist **ein** Stuhl.   Das ist **ein** Bett.   Das ist **eine** Tasse.

Der Stuhl ist braun.   **Das** Bett ist schwarz.   **Die** Tasse ist weiß.

4.2 Das Haus (خانه)

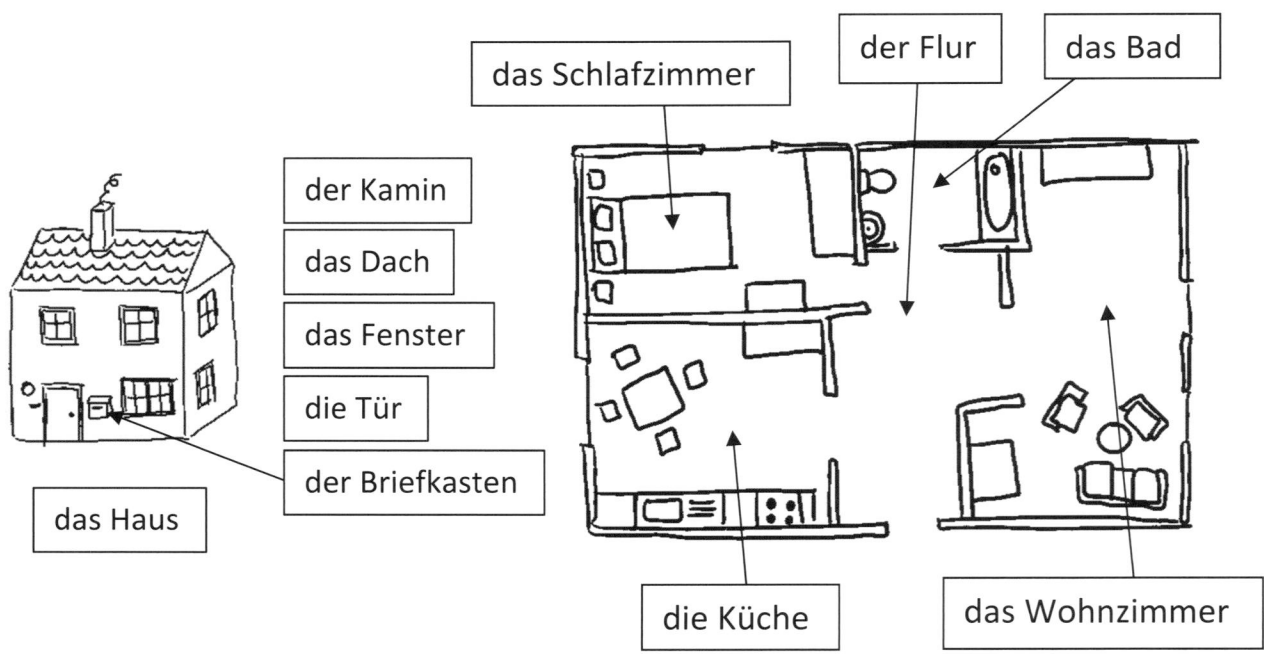

das Schlafzimmer   der Flur   das Bad

der Kamin

das Dach

das Fenster

die Tür

der Briefkasten

das Haus

die Küche   das Wohnzimmer

4.3 Wo ist ....? (کجاست؟...)

Wo ist der Stuhl?	Der Stuhl	ist	**im** Wohnzimmer.
Wo ist die Dusche?	Die Dusche	ist	**im** Bad.
Wo ist das Bett?	Das Bett	ist	**im** Schlafzimmer.
Wo ist die Tasse?	Die Tasse	ist	**in der Küche.**

duschen

spülen

telefonieren

Ich dusche im _____.   Ich spüle _____.

Ich telefoniere _____.   _____.

4.4 Kann ich bitte ... haben? (لطفاً میتوانم...داشته باشم؟)

Kann ich bitte	einen / den	Stuhl	haben?
Kann ich bitte	eine / die	Tasse	haben?
Kann ich bitte	ein / das	Bett	haben?

Danke!

Bitte!

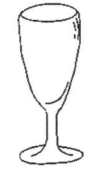

das Glas

das Messer

die Pfanne

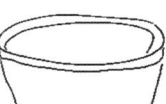

die Schüssel

die Gabel

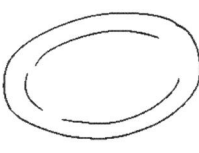

der Teller

der Löffel

der Sessel

4.5   Wie ist es? (این چگونه است؟)

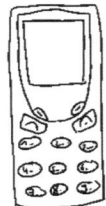

Das Handy ist **alt**.   Das Handy ist **neu**.

Der Tisch ist **klein**.   Der Tisch ist **groß**.

   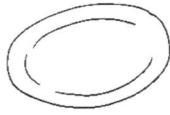

Der Teller ist **kaputt**.   Der Teller ist <u>nicht</u> **kaputt**.

Das ist **mein** Löffel. (این قاشق من هست)   **Der** Löffel ist _____

Das ist **meine** Tasse. (این فنجان من هست)   **Die** Tasse ist _____

Das ist **mein** Handy. (این موبایل من هست)   **Das** Handy ist _____

4.6   Wo ist die Tasse? (فنجان من کجاست؟)

Die Tasse ist **auf** <u>dem</u> Tisch.

Die Tasse ist **neben** <u>dem</u> Tisch.

Die Tasse ist
unter <u>dem</u> Tisch.

der Stuhl:	Die Tasse ist	auf / unter / neben	**dem** Stuhl.
die Treppe:	Die Tasse ist	auf / unter / neben	**der** Treppe.
das Bett:	Die Tasse ist	auf / unter / neben	**dem** Bett.

Landherr / Streicher / Hörtrich: Arbeitsheft Farsi/Dari Deutschkurs für Asylbewerber

5.1 Ich gehe einkaufen (من میروم برای خرید)

> Hallo! Wie geht es dir?

> Hallo! Mir geht es gut.

> Was machst du?

> Ich gehe einkaufen. **Ich brauche** Nudeln, Milch, ein Brot, Käse und Fleisch.

___ Nudeln ___ Reis ___ Milch ___ Eier

___ Wurst ___ Fisch ___ Käse ___ Brot

___ **Schweine**fleisch ___ **Rind**fleisch ___ **Hähnchen**fleisch ___ **Puten**fleisch

___ Tomate ___ Kartoffel ___ Karotte ___ Paprika ___ Zwiebel

___ Banane ___ Orange ___ Apfel ___ Zitrone ___ Ananas

Fleisch: _____

Gemüse: _____

Obst: _____

5.2 Einkaufszettel (فهرست خرید) Ich brauche... (من ...احتیاج دارم)

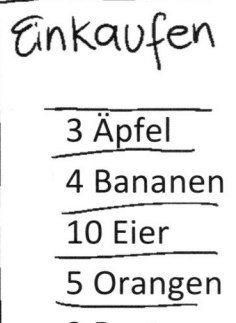

Einkaufen

- 3 Äpfel
- 4 Bananen
- 10 Eier
- 5 Orangen
- 2 Brote

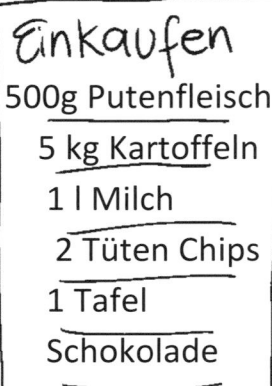

Einkaufen

- 500g Putenfleisch
- 5 kg Kartoffeln
- 1 l Milch
- 2 Tüten Chips
- 1 Tafel Schokolade

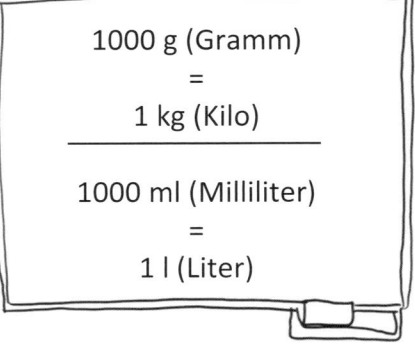

1000 g (Gramm)
=
1 kg (Kilo)

1000 ml (Milliliter)
=
1 l (Liter)

5.3 Im Supermarkt

Wo?

Entschuldigung!

Wo finde ich Käse?

Bitte zeigen Sie es mir.

Vielen Dank.

① 15,43 €, bitte. („*Fünfzehn Euro drei-und-vierzig*")

② Bitte.

③ 4,57 € zurück.

Kasse

④ Ich brauche den **Kassenzettel**, bitte. Vielen Dank.

Landherr/Streicher/Höttrich: Arbeitsheft Farsi/Dari Deutschkurs für Asylbewerber

5.4 Einkaufsprospekt (ورقه تبلیغاتی خرید اجناس)

Wie viel kosten die Orangen?

Die Orangen kosten 1,79 €.

(„ein Euro neun-und-siebzig").

Das ist **billig**. (این ارزان است.)

Das ist **teuer**. (این گران است.)

Wie viele sind es?

Es sind 3 kg.

Woher kommen die Orangen?

Sie kommen aus Spanien.

Welche Farbe haben die Orangen?

Sie sind orange.

Wie viel kostet …?

5.5 Mein Einkaufszettel (صورت / لیست خرید من)

Hallo! Wie geht es dir?

Hallo! Mir geht es **nicht** gut.

Was hast du?

Mein Kopf tut weh.
Ich habe Schmerzen im Rücken.
Ich habe Fieber.

6.1   Mein Körper (بدن / اندام من)

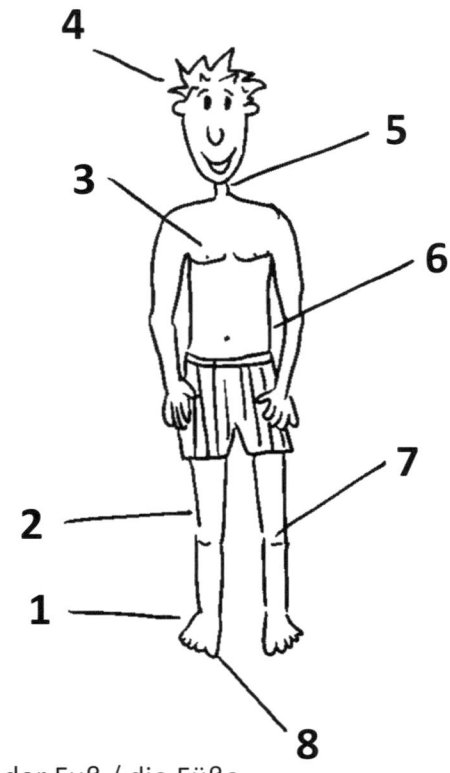

1)   der Fuß / die Füße

2)   das Bein / die Beine

3)   die Brust

4)   der Kopf

5)   der Hals

6)   der Bauch

7)   das Knie / die Knie

8)   der Zeh / die Zehen

9)   der Ellenbogen

10)   der Arm / die Arme

11)   die Schulter / die Schultern

12)   der Rücken

13)   der Po

14)   die Hand / die Hände

15)   der Finger / die Finger

16)   _____

6.2 Mein Gesicht (صورت من)

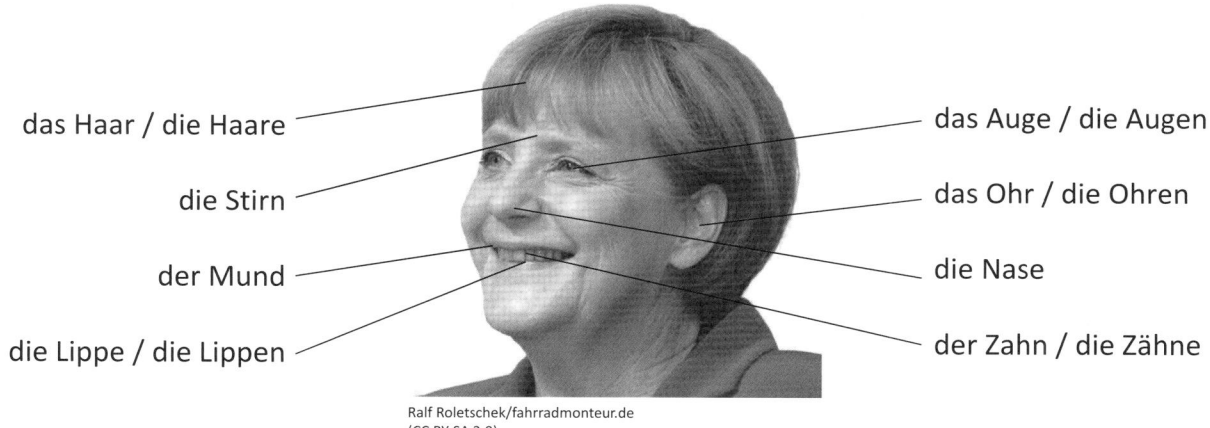

das Haar / die Haare

die Stirn

der Mund

die Lippe / die Lippen

das Auge / die Augen

das Ohr / die Ohren

die Nase

der Zahn / die Zähne

| **Ich habe** | braune Augen. | **Meine** Augen sind braun. |
| **Ich habe** | schwarze Haare. | **Meine** Haare sind schwarz. |

Du hast	schöne Augen.	**Deine** Augen sind schön.
Er hat	kurze Haare.	**Seine** Haare sind kurz.
Sie hat	lange Haare.	**Ihre** Haare sind lang.

Das ist **unsere** Bundeskanzlerin. (این صدراعظم ماست.)

Sie heißt Angela Merkel.

Sie hat _____ Augen. Ihre Haare sind _____

Das ist unser/e Bürgermeister/in. (این شهردار ماست.)

Er/Sie heißt _____

Die Augen sind _____

Die Haare sind _____

6.3　Ich bin krank (من مریض هستم)

Ich habe Schmerzen im Kopf / Rücken / Bauch / Zahn.

Ich habe eine Erkältung. Ich habe Husten, Schnupfen und Fieber.

Husten　　　　　　　　Schnupfen　　　　　　　Fieber

6.4　In der Apotheke (در داروخانه)

Haben Sie	etwas	gegen Husten und Fieber?
Haben Sie	einen Tee	gegen Halsschmerzen?
Haben Sie	ein Medikament	gegen Erkältung?
Haben Sie	Tabletten	gegen Kopfschmerzen?

6.5　Ich bin <u>sehr</u> krank (من خیلی مریض هستم)

Ich habe **große** Schmerzen im Bauch / Kopf / Arm / Hals.

Ich brauche einen Termin beim Arzt.
(من باید نزد دکتر بروم / من احتیاج به وقت ملاقات با دکتر دارم.)

Ich rufe bei Dr. _____ an. (من به دکتر...تلفن / زنگ میزنم.)

Ich schreibe den Termin auf.

Ich brauche einen Krankenschein.
(من به ورقه بیمه درمانی نیاز دارم / احتیاج دارم.)

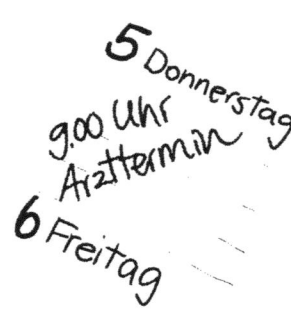

 Ich muss **pünktlich** sein. (من باید سر وقت حاضر باشم.)

6.6 Beim Arzt (پیش دکتر / نزد دکتر)

Sie müssen... (شما باید...)

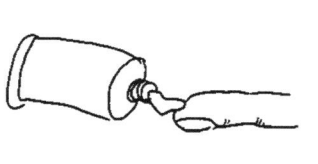  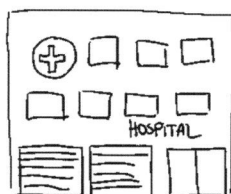

| ...eine Salbe auftragen | ...Medikamente einnehmen | ...Bettruhe halten | ...ins Krankenhaus |

 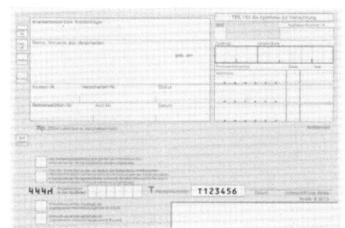

Ich gebe Ihnen eine Spritze.   Ich gebe Ihnen ein Rezept.

6.7 Ärzte

Mein Arzt (دکتر من):

Notarzt
112

Hausarzt: _____

Kinderarzt _____

Frauenarzt _____

Augenarzt _____

Zahnarzt _____

HNO-Arzt (Hals-Nasen-Ohren) _____

6.8 Meine Familie ist krank

Mein Mann	ist krank.	Er hat	Husten und Halsschmerzen.
Meine Frau	ist krank.	Sie hat	große Schmerzen.
Mein Sohn	ist krank.	Er hat	Schmerzen im Bauch.
Meine Tochter	ist krank.	Sie hat	Fieber.
Mein Kind	ist krank.	Es hat	eine Wunde am Knie.

7.1 Kleidung (لباس / پوشاک)

der Rock

der Pullover

das Hemd

die Hose

der Mantel

die Jacke

die Mütze

das Kopftuch

der Schal

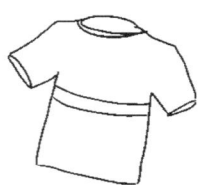
das T-Shirt

der Badeanzug

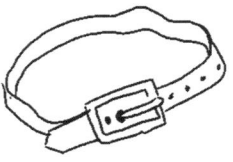
der Gürtel

der BH

die Unterhose

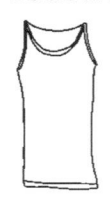
das Unterhemd

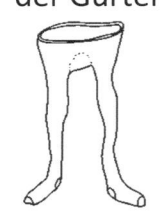
die Strumpfhose

Der Rock	ist	blau / groß / schön …
Die Hose	ist	lang / kurz / kaputt …
Das Hemd	ist	neu / alt / billig …

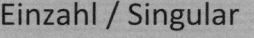

Einzahl / Singular

die Schuhe

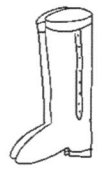
die Stiefel

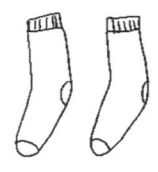
die Socken

die Handschuhe

| Die Schuhe | sind | schwarz / groß / teuer … |
| Die Stiefel | sind | klein / eng / kaputt … |

Mehrzahl / Plural

7.2 Im Bekleidungsgeschäft (در فروشگاه لباس)

Wo finde ich ...? (من کجا می توانم... بخرم /.پیدا کنم؟)

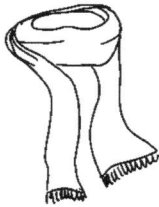   

einen Schal   eine _____   ein _____   _____

Was kostet ...? (قیمت این...چقدراست / چند است؟)

  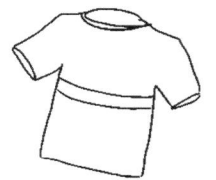

der Pullover   die _____   das _____   _____

Was kosten ...? (قیمت / بهای این ها چقدراست؟)

... die Socken   die _____   die _____   _____

... passt / passt nicht. (اندازه هست / اندازه نیست)

der Mantel   die _____   das _____   _____

... passen / passen nicht. (اندازه هستند / اندازه نیستند)

   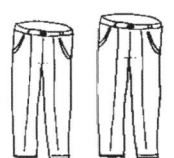

Die Socken   Die _____   Die _____   Die _____

7.3 Fadouma kauft Kleidung

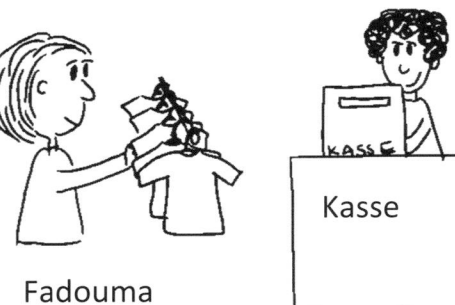

Verkäuferin

Fadouma

Kasse

Verkäuferin: Guten Morgen!

Fadouma: **Guten Morgen!**

Verkäuferin: Kann ich Ihnen helfen?

Fadouma: **Wo finde ich …?**

Verkäuferin: Dort hinten finden Sie …

Fadouma: **Haben Sie die Kleidungsgröße …?**

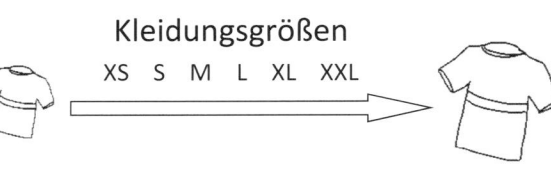

Kleidungsgrößen

XS S M L XL XXL

Verkäuferin: Hier, bitte.

Fadouma: **Wo finde ich die Umkleide?**

Verkäuferin: Dort hinten.

Fadouma: **Es passt (nicht) gut. Was kostet …?**

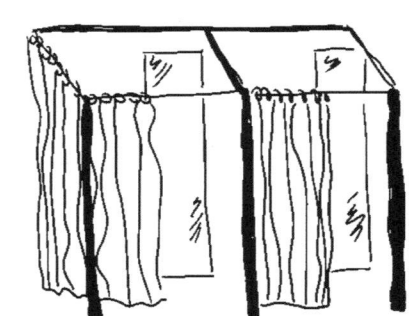

Größe M
39 €

Verkäuferin: 39 Euro

Umkleide

Fadouma: **Das ist mir zu teuer. Haben Sie ein Sonderangebot?**

Verkäuferin: Ja, hier.

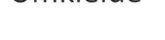

%   Sonderangebot

Fadouma: **Danke, ich kaufe es. Wo ist die Kasse?**

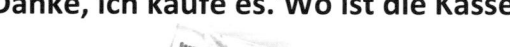

 Kassenzettel wegen Umtausch
gut aufbewahren.
(بخاطر تعویض جنس از قبض یا فیش
(خرید خوب نگهداری / محافظت کنید.

Landherr/Streicher/Hörtrich: Arbeitsheft Farsi/Dari Deutschkurs für Asylbewerber
© Auer Verlag – AAP Lehrerfachverlage GmbH, Augsburg

7.4 Die Jahreszeiten (فصل سال)

Winter		Frühling			Sommer			Herbst			Winter
Januar	Februar	März	April	Mai	Juni	Juli	August	September	Oktober	November	Dezember

Die Monate im **Frühling** heißen

_____

Die Monate im **Sommer** heißen

_____

Die Monate im **Herbst** heißen

_____

Die Monate im **Winter** heißen

_____

Jetzt ist _____

Bald ist _____

Der 1. (erste) Monat im Jahr heißt _____

Der 2. (zweite) Monat _____

Der 3. _____

_____

_____

_____

_____

_____

1. = erste
2. = zweite
3. = dritte
4. = vierte
5. = fünfte
6. = sechste
7. = siebte
8. = achte
9. = neunte
10. = zehnte
11. = elfte
12. = zwölfte

Ich habe im Monat _____ Geburtstag. Ich bin im _____ geboren.

Landherr / Streicher / Hörtrich: Arbeitsheft Farsi/Dari Deutschkurs für Asylbewerber
© Auer Verlag – AAP Lehrerfachverlage GmbH, Augsburg

7.5 Das Wetter in Deutschland (زمستان آلمان)

Es ist kalt.

Es schneit.

Es regnet.

Es ist sonnig.

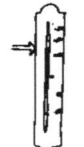
Es ist warm.

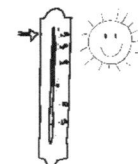
Es ist heiß.

Es ist windig.

Es ist gewittrig.

Was machst du im Winter?

der Schneemann

der Schlitten

die Schneeschaufel

Ich baue einen Schneemann.   Wir bauen _____

Ich fahre Schlitten.   Wir _____

Ich räume Schnee mit der Schneeschaufel.   Wir _____

Was machst du im Sommer?

das Schwimmbad

das Eis

die Sonne

Ich gehe in das Schwimmbad.   Wir gehen _____

Ich esse ein Eis.   Wir _____

Ich genieße die Sonne.   Wir _____

Kleidung

Im Sommer   ☐   ☐   ☐   ☐
Im Winter   ☐   ☐   ☐   ☐

Landherr / Streicher / Hörtrich: Arbeitsheft Farsi/Dari Deutschkurs für Asylbewerber
© Auer Verlag – AAP Lehrerfachverlage GmbH, Augsburg

8.1 Berufe (شغل)

Was arbeitest du? / Was arbeiten Sie? (شغل تو چیست؟ / شغل شما چیست؟)

Maler   Malerin

Ich arbeite als Maler/Ich arbeite als Malerin. (من به عنوان...کار میکنم)
Ich bin ein Maler/Ich bin eine Malerin. (من یک ...هستم)
Ich möchte gerne als Maler/Malerin arbeiten. (من میخواهم بعنوان...کارکنم.)

Maler   Maurer   Elektriker   Automechaniker   Gärtner   Hausmeister

Friseurin   Lehrer   Koch   Putzfrau   Sekretärin   Verkäuferin
                            Köchin   Putzmann

Altenpfleger   Kellner   Erzieher   Krankenpfleger   Pfarrer   _____
                                          Krankenschwester

8.2 Arbeitsstellen (محل کار)

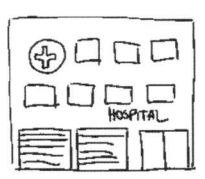

die Schule   das Krankenhaus   das Restaurant   _____

Wer arbeitet **in der Schule**?   _____ arbeitet in der Schule.

Wer arbeitet **im Restaurant**?   _____ arbeitet im Restaurant.

Wer arbeitet **im Krankenhaus**?   _____

8.3   Wer arbeitet wo?

Der Automechaniker arbeitet	in der Schule.
Die Verkäuferin arbeitet	im Altenheim.
Die Sekretärin arbeitet	im Kindergarten.
Die Erzieherin arbeitet	in der Autowerkstatt.
Der Altenpfleger arbeitet	im Büro.
Die Lehrerinnen arbeiten	im Supermarkt.

8.4   Geräte und Kleidung (وسائل کار و لباس)

Zum Arbeiten brauche ich... (برای کار من احتیاج به...دارم)

eine Arbeitshose

Arbeitshandschuhe

Arbeitsschuhe

einen Schraubenzieher

Werkzeug

einen Besen

Putzmittel

eine Schere

einen Computer

Stifte

einen Pinsel

_____

8.5   Ich suche Arbeit (من در جستجوی کار هستم)

Ich suche Arbeit. (من دنبال / در جستجوی کارهستم.)

Welche Arbeit wollen Sie tun?
(امروز چه کاری می خواهید انجام دهید؟)

Ich möchte gerne als ... arbeiten.
(من خیلی میل دارم بعنوان ... کارکنم.)

Landherr / Streicher / Hörtrich: Arbeitsheft Farsi/Dari Deutschkurs für Asylbewerber
© Auer Verlag – AAP Lehrerfachverlage GmbH, Augsburg

8.6 Mein Kind geht … (بچه من میرود به …)

 in die
Kinderkrippe
(0-3 Jahre)

 in den
Kindergarten
(3-6 Jahre)

 in die
Schule
(6-18 Jahre)

8.7 Stundenplan in der Schule (برنامه درس در مدرسه)

Stundenplan

	Zeit	Montag	Dienstag	Mittwoch	Donnerstag	Freitag
1. Stunde	8.00 – 8.45	Deutsch	Englisch	Sport	Physik	Biologie
2. Stunde	8.45 – 9.30	Mathematik	Religion	Sport	Chemie	Geographie
.	9.30 – 9.45	PAUSE	PAUSE	PAUSE	PAUSE	PAUSE
3. Stunde	9.45 – 10.30	Musik	Kunst	Geschichte		

8.8 Was machst du heute?
(امروز چه کار میکنی؟)

Gegenwart (زمان حال)

ich lerne

ich male

ich mache Sport

ich lese

ich schreibe

ich singe

Was hast du gestern gemacht?
(دیروز چه کار کردی؟)

Vergangenheit (گذشته)

ich **habe** **ge**lernt

ich **habe** **ge**malt

ich **habe** Sport **ge**macht

ich **habe** **ge**lesen (!)

ich **habe** **ge**schrieben (!)

ich **habe** **ge**sungen (!)

8.9 Entschuldigung! (ببخشید! / عذرخواهی!)

Mein Kind ist heute krank und kann nicht in die Schule kommen.

(بچه من امروز مریض است و نمی تواند به مدرسه بیاید)

 **Bitte immer vor Beginn des Unterrichts die Schule anrufen!**

(لطفاً قبل از شروع درس به مدرسه زنگ بزنید/ تلفن کنید!)

8.10 Was hast du gemacht?

	Montag	Dienstag	Mittwoch	Donnerstag
am Morgen	das Haus **putzen**	Kleidung **waschen**	ein Buch **lesen**	_____
am Vormittag	**kochen**	Einkaufen **gehen**	Fußball **spielen**	_____
am Mittag	**essen**	spazieren **gehen**	Arzttermin **haben**	_____
am Nachmittag	**arbeiten**	**schlafen**	**telefonieren**	_____
am Abend	**duschen**	Deutsch **lernen**	**fernsehen**	_____

putzen	ich habe **geputzt**	schlafen	ich habe **geschlafen**
kochen	ich habe **gekocht**	essen	ich habe **gegessen**
telefonieren	ich habe **telefoniert**	duschen	ich habe **geduscht**
lesen	ich habe **gelesen**	waschen	ich habe **gewaschen**
spielen	ich habe **gespielt**	arbeiten	ich habe **gearbeitet**
gehen	Ich bin **gegangen**	haben	Ich habe ... **gehabt**

Was hast du am Donnerstag gemacht? Ich habe _____

8 Arbeiten und Lernen (ادگــــرفتنی / آمـوختن و کــاركردن)

Landherr / Streicher / Hörtrich: Arbeitsheft Farsi/Dari Deutschkurs für Asylbewerber
© Auer Verlag – AAP Lehrerfachverlage GmbH, Augsburg

9.1 Was gibt es Neues? (خبر جدید چیه؟) Was ist passiert? (چه اتفاقی افتاده؟)

Ich schreibe ... Ich sende ... Ich lese ... Ich höre ... Ich benutze ...

eine Karte einen Brief ein Paket ein Radio eine Zeitschrift eine SMS

eine Zeitung ein Handy ein Smartphone ein Buch / Bücher einen PC das Internet

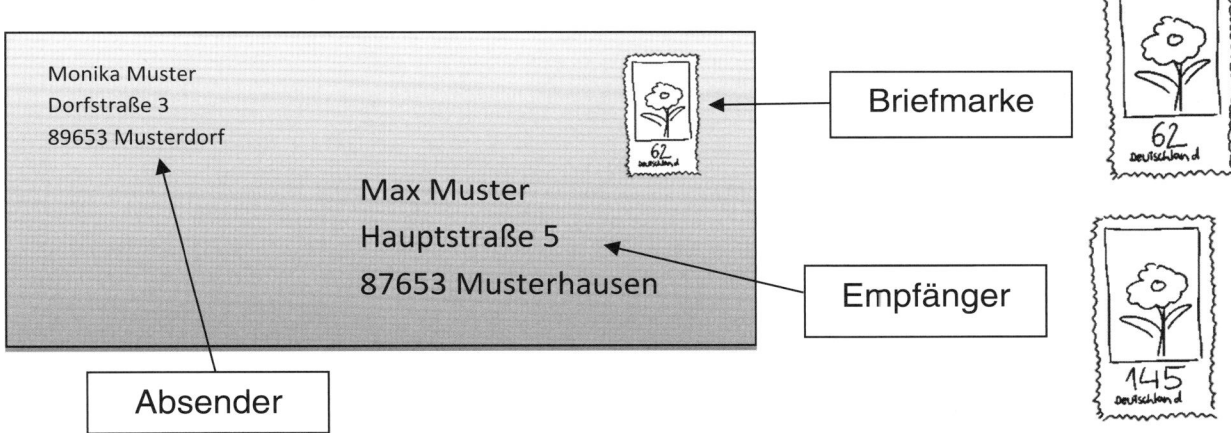

Briefmarke

Empfänger

Absender

9.2 Orte (اماکن / محل ها)

Ich kann dort
Bücher/CDs/DVDs
ausleihen.

Ich kann dort
kopieren/ausdrucken.

Ich kann dort
im Internet surfen/
etwas scannen.

9.3 Kein Leben ohne Smartphone? (زندگی بدون سمارتفون؟)

Ich ...

☐ spiele ☐ chatte ☐ maile ☐ telefoniere

☐ lerne ☐ fotografiere ☐ übersetze ... mit dem Smartphone / Handy.

Warnung: Handy-Vertrag online abschließen ist gefährlich!
Vorsicht vor teuren Internetverträgen und Bezahlung per Handy!
توجـه : قرارداد موبایل توسط اینترنت خطرناک است.
مواظب باشید که با موبایل قراردادهای کران نبندید و پول پرداخت نکنید!
برای کمک از کسی سئوال کنید.

9.4 Freizeit, Hobby (وقت آزاد، کارهای مورد علاقه / هابی)

Ich telefoniere **gerne**.

gerne   ungern

Ich gehe **ungern** spazieren.

immer (همیشه)   oft (اغلب)   manchmal (بعضی وقت)   nie (هرگز)

Ich bin **immer**   Ich lerne **oft**   Ich singe   Ich komme
pünktlich.   Deutsch.   **manchmal**.   **nie** zu spät.

Was machst du **gerne** in der Freizeit? Ich ...

☐ gehe spazieren   ☐ lese   ☐ sehe fern

☐ telefoniere   ☐ höre Musik   ☐ singe

☐ fahre Rad   ☐ gehe schwimmen   ☐ spiele mit Kind

☐ mache Sport   ☐ helfe   ☐ lerne Deutsch

☐ surfe im Internet   ☐ besuche Freunde (به دیدار / دیدن دوست ها میروم)

Was machst du **ungern** in der Freizeit?

10 Verkehr und Orientierung (ترافیک و جهت یابی)

10.1 Verkehrsmittel (وسایل نقلیه)

Ich möchte nach München fahren. (.من میخواهم به مونیخ بروم)

Ich fahre mit ... (... من با ... مسافرت میکنم.)

... dem Taxi.   ... dem Bus.   ... dem Zug.

... der Straßenbahn.   ... der U-Bahn.   ... dem Fahrrad.

10.2 Der Busfahrplan (برنامه حرکت اتوبوس)

Ich fahre mit dem Bus **von** Krumbach **nach** Thannhausen.

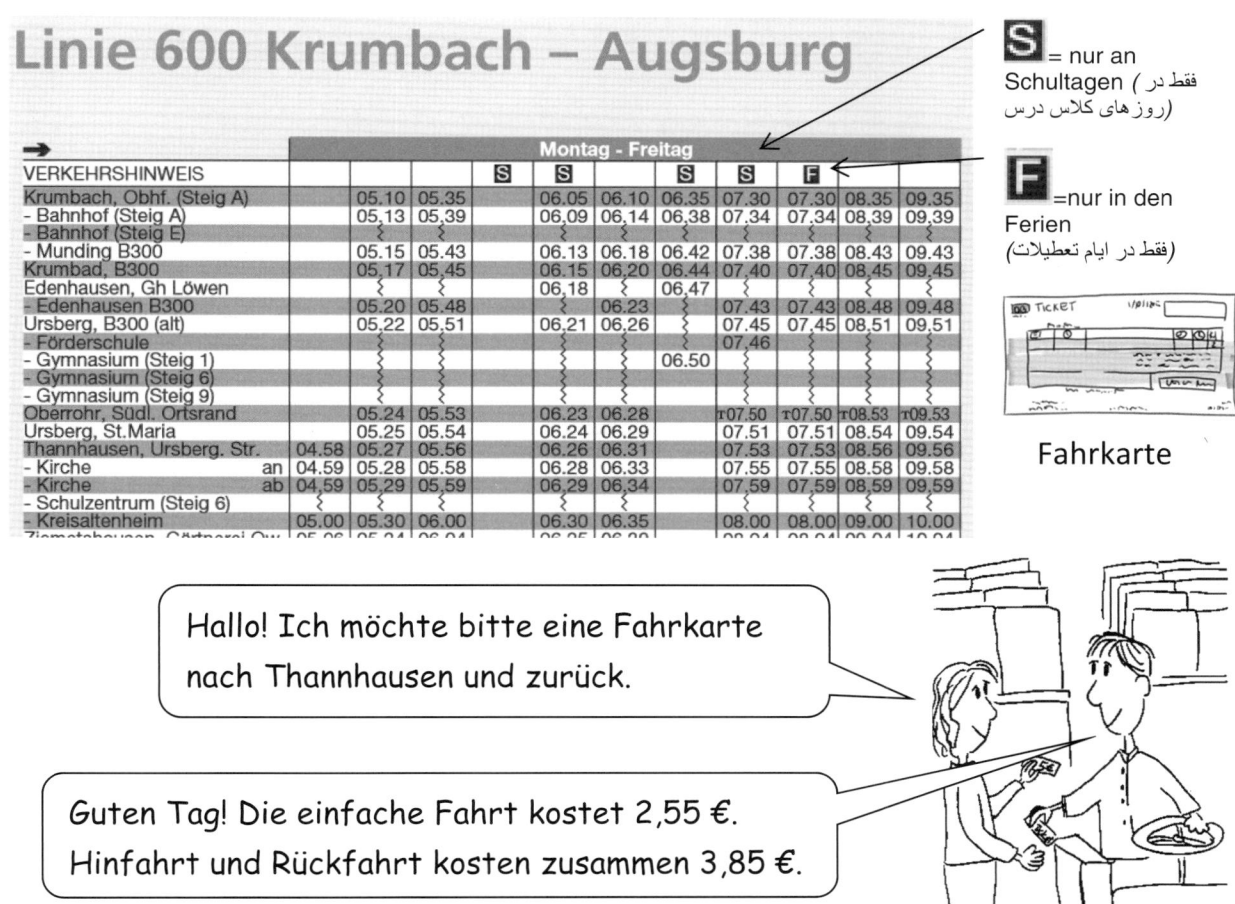

S = nur an Schultagen (فقط در روزهای کلاس درس)

F = nur in den Ferien (فقط در ایام تعطیلات)

Fahrkarte

Hallo! Ich möchte bitte eine Fahrkarte nach Thannhausen und zurück.

Guten Tag! Die einfache Fahrt kostet 2,55 €.
Hinfahrt und Rückfahrt kosten zusammen 3,85 €.

10.3 Der Zugfahrplan (برنامه حرکت قطار)

Ich fahre **von** Augsburg **nach** München und dann **von** München **nach** Nürnberg.

Bahnhof/Haltestelle

Gleis

Umst. = Umsteigen

Bahnhof/Haltestelle	Datum	Zeit		Gleis	Dauer	Umst.
Augsburg Hbf	Mo, 20.04.15	ab	11:55	4		
München Hbf	Mo, 20.04.15	an	12:27	15		
Umsteigezeit 24 Min.					2:02	1
München Hbf	Mo, 20.04.15	ab	12:51	22		
Nürnberg Hbf	Mo, 20.04.15	an	13:57	6		

Datum (تاریخ)   Zeit (زمان)   Dauer (مدت سفر)

ab = Abfahrt (وقت حرکت)   an = Ankunft (وقت رسیدن)

10.4 Fragen im Bahnhof oder im Zug (سئوال در ایستگاه راه آهن یا قطار)

Wann fährt der Zug nach ...?   قطار بعدی بطرف...کی حرکت میکند؟

Hat der Zug Verspätung?   قطار تأخیردارد؟

Wie lange dauert die Fahrt?   مسافرت چه قدر طول می کشد؟

Muss ich umsteigen?   بایستی در بین راه قطار عوض کنم؟

10.5 Billig reisen – besondere Fahrkarten (مسافرت ارزان – بلیط های مخصوص / ویژه)

Zum Beispiel = z. B. (برای مثال): **Bayernticket**

bis zu 5 Personen

1 Tag

ab 9 Uhr, Wochenende ab 0 Uhr

ganz Bayern

kein ICE

Landherr/Streicher/Hörtrich: Arbeitsheft Farsi/Dari Deutschkurs für Asylbewerber
© Auer Verlag – AAP Lehrerfachverlage GmbH, Augsburg

10.6 Suche im Stadtplan (ازروی نقشه جایی را پیداکن)

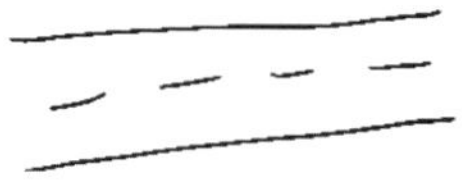

Straße

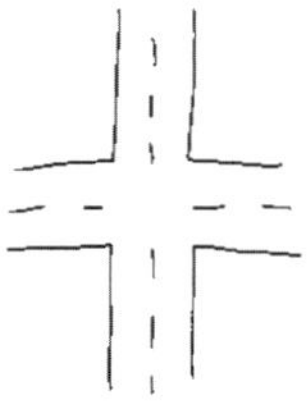

Kreuzung

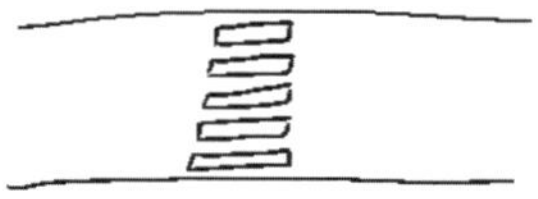

Zebrastreifen

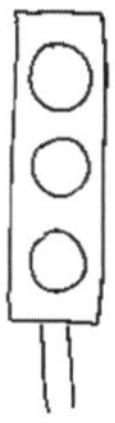

Ampel

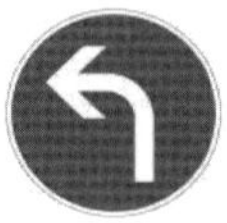

links

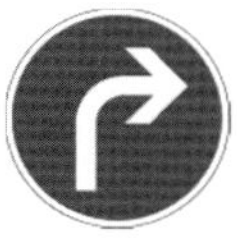

rechts

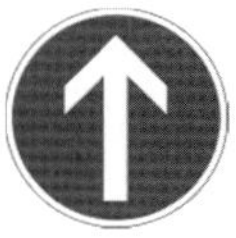

geradeaus

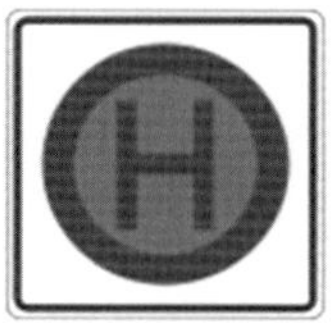

Haltestelle

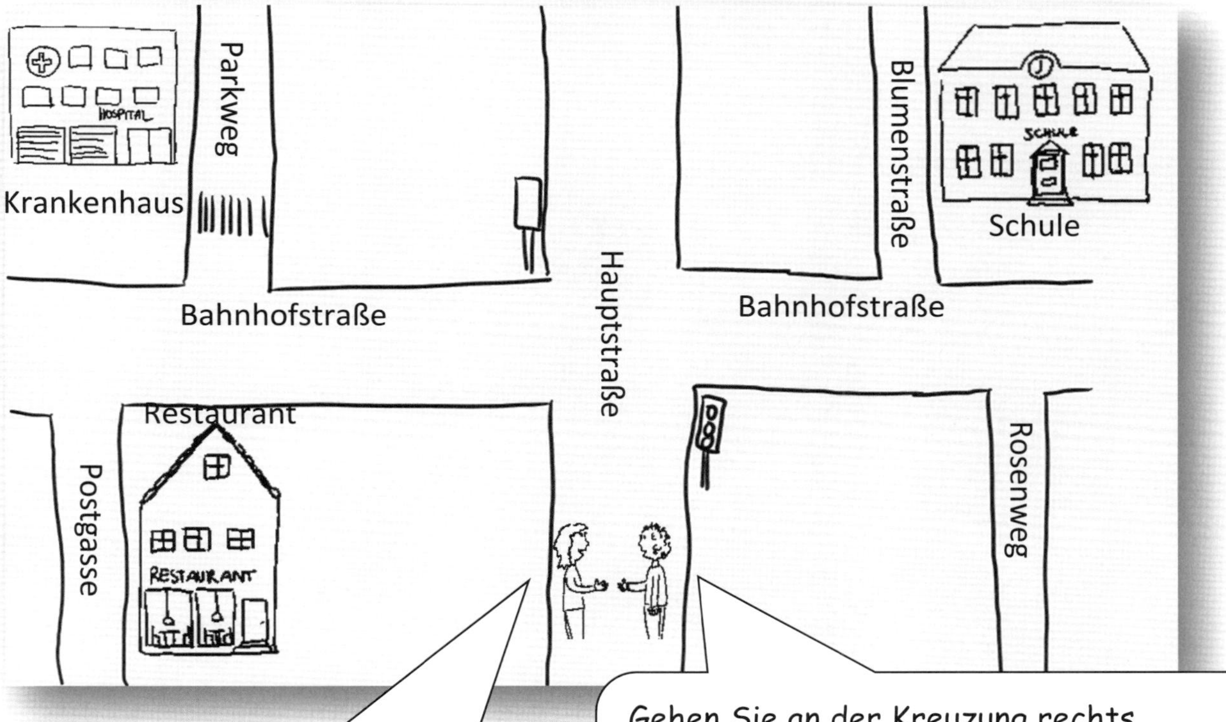
Parkweg
Krankenhaus
HOSPITAL
Blumenstraße
Schule
SCHULE
Bahnhofstraße
Hauptstraße
Bahnhofstraße
Restaurant
RESTAURANT
Postgasse
Rosenweg

Entschuldigung! **Ich suche** die Schule.
(ببخشید! من در جستجوی مدرسه هستم)

Gehen Sie an der Kreuzung rechts. Gehen Sie dann die erste Straße nach links. Die Schule ist in der Blumenstraße auf der rechten Seite.

10.7 Wichtige Verkehrszeichen (علامت های مهم ترافیک)

STOP

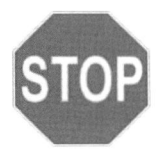

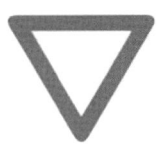

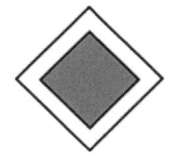

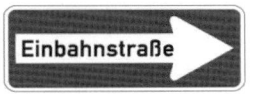

Halt

Vorfahrt achten

Vorfahrtstraße

Zebrastreifen

Einbahnstraße

nur eine Richtung

11.1 Behörden für Asylbewerber (ادارت برای درخواست پناهندگی)

Ausländerbehörde im Landratsamt oder in der Stadtverwaltung

Adresse: _____

Job-Center im Landratsamt oder in der Stadtverwaltung

Adresse: _____

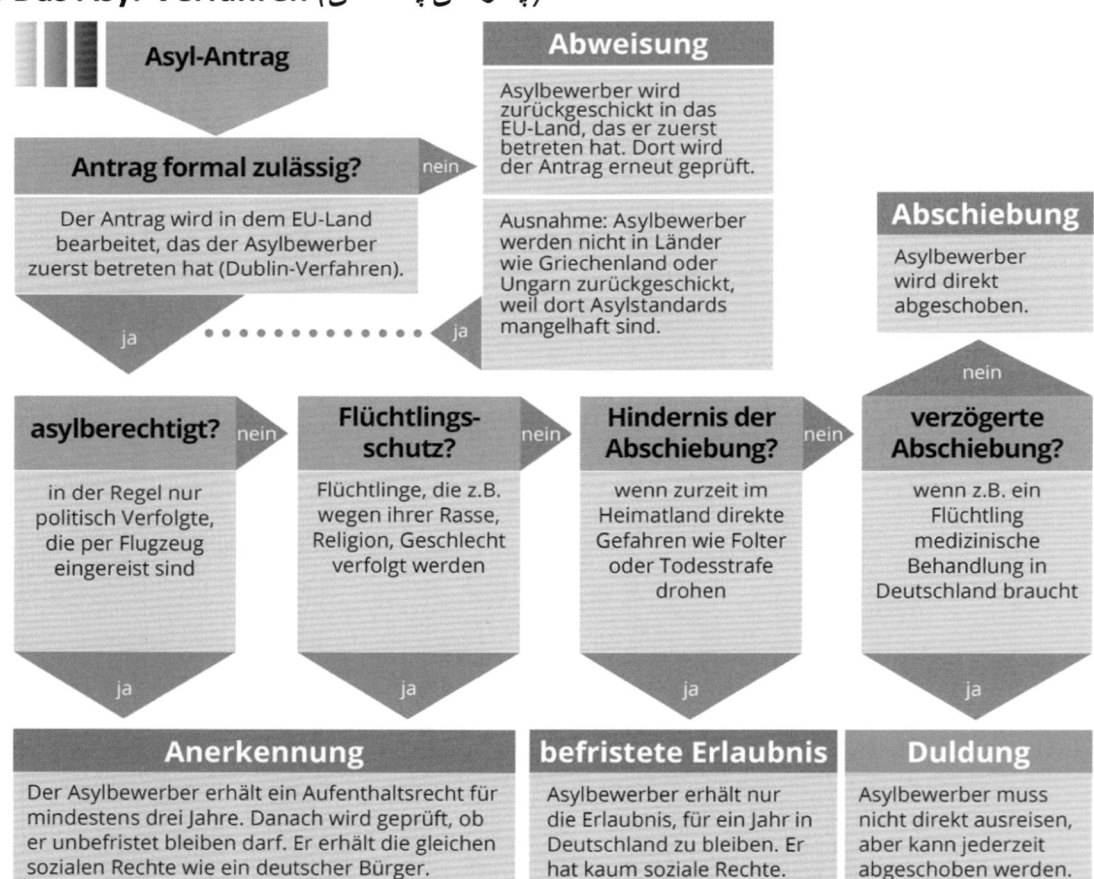

Bundesagentur für Arbeit

© Bundesagentur für Arbeit

Bundesamt für Migration und Flüchtlinge

Adresse: _____

Bundesamt für Migration und Flüchtlinge

© Bundesamt für Migration und Flüchtlinge

11.2 Das Asyl-Verfahren (چگونگی پناهندگی)

Asyl-Antrag

Antrag formal zulässig? nein

Der Antrag wird in dem EU-Land bearbeitet, das der Asylbewerber zuerst betreten hat (Dublin-Verfahren).

ja

Abweisung

Asylbewerber wird zurückgeschickt in das EU-Land, das er zuerst betreten hat. Dort wird der Antrag erneut geprüft.

Ausnahme: Asylbewerber werden nicht in Länder wie Griechenland oder Ungarn zurückgeschickt, weil dort Asylstandards mangelhaft sind.

ja

Abschiebung

Asylbewerber wird direkt abgeschoben.

nein

asylberechtigt? nein

in der Regel nur politisch Verfolgte, die per Flugzeug eingereist sind

ja

Flüchtlings-schutz? nein

Flüchtlinge, die z.B. wegen ihrer Rasse, Religion, Geschlecht verfolgt werden

ja

Hindernis der Abschiebung? nein

wenn zurzeit im Heimatland direkte Gefahren wie Folter oder Todesstrafe drohen

ja

verzögerte Abschiebung?

wenn z.B. ein Flüchtling medizinische Behandlung in Deutschland braucht

ja

Anerkennung

Der Asylbewerber erhält ein Aufenthaltsrecht für mindestens drei Jahre. Danach wird geprüft, ob er unbefristet bleiben darf. Er erhält die gleichen sozialen Rechte wie ein deutscher Bürger.

befristete Erlaubnis

Asylbewerber erhält nur die Erlaubnis, für ein Jahr in Deutschland zu bleiben. Er hat kaum soziale Rechte.

Duldung

Asylbewerber muss nicht direkt ausreisen, aber kann jederzeit abgeschoben werden.

Quelle: http://journalistenschule-ifp.de/ Stand 2013

Landherr/Streicher/Hörtrich: Arbeitsheft Farsi/Dari Deutschkurs für Asylbewerber
© Auer Verlag – AAP Lehrerfachverlage GmbH, Augsburg

11.3 Religion (دین)

„Ich glaube an Gott." („من به خدا اعتقاددارم.")

Christen und Muslime – Gemeinsam geht es besser!

(مسیحیان و مسلمانان - به اتفاق همه چیز بهترست!)

Mein Glaube: Ich bin _____

Christentum (مسیحیّت)

Glaubensbekenntnis (عقیده)

Jesus Christus als der Sohn Gottes:

"Liebe deinen Nächsten wie dich selbst!"
(همسایه خود را مثل خودت دوست داشته باش)

Das Kreuz als Symbol (صلیب)

Die Bibel als Heilige Schrift (انجیل به عنوان کتاب مقدس)

Kirche (کلیسا)

Islam (اسلام)

5 Säulen des Islam (اصول پنج گانه اسلام)

Mohammed als der Prophet Allahs:

Glaubensbekenntnis – (شهادت)
Gebet – Salat (قرآن به عنوان کتاب مقدس)

Almosen geben – Zakat geben

Fasten im Monat Ramadan – Saum

Pilgerreise nach Mekka – Hadsch

Moschee (مسجد)

11.4 Religiöse Feste *(religious festivals)*

Weihnachten (کریسمس)

Ostern (عید پاک)

Pfingsten (عید پنجاهه)

Gottesdienst am Sonntag

um _____ Uhr

Opferfest – Id al-Adha

Zuckerfest – Id al-Fitr

Ramadan

Freitagsgebet – Salāt al-dschumʿa

um _____ Uhr

Landherr / Streicher / Höttrich: Arbeitsheft Farsi/Dari Deutschkurs für Asylbewerber
© Auer Verlag – AAP Lehrerfachverlage GmbH, Augsburg

11.5 Feste in Deutschland (عید ها در آلمان)

Frohe Weihnachten!

(عیدکریسمس مبارک!)

Frohes neues Jahr!

(سال نو مبارک!)

Helau! Fasching

(هلاو! کارناوای)

Frohe Ostern!

(عیدپاک مبارک!)

11.6 Wünsche (آرزوها) Alles Gute ...

zum Geburtstag

(جشن تولد)

zur Hochzeit

(برای عروسی)

zur Geburt

(برای تولد)

zum Führerschein

برای گرفتن گواهینامه)
(رانندگی

Gute Besserung!

آرزومندم بزودی بهبود)
(یابید /سالم گردید!

Gesundheit!

(عافیت باشد!)

Herzliches Beileid!

(تسلیت عرض می کنم!)

Gute Fahrt!

(سفر بخیر!)

Notizen (یادداشت):

Landherr / Streicher / Hörtrich: Arbeitsheft Farsi/Dari Deutschkurs für Asylbewerber
© Auer Verlag – AAP Lehrerfachverlage GmbH, Augsburg

12.1 Mein Steckbrief (مشخصّات من)

Das bin ich!

Mein Name ist

_____

(Vorname, Familienname / نام، نام فامیل)

Ich bin ein/eine _____   O männlich   O weiblich (Geschlecht / جنس)

Ich komme aus _____ , _____ (Land, Stadt / مملکت، شهر)

Ich wohne jetzt in _____ , _____

(Stadt, Straße / شهر، خیابان)

O Ich bin alleine in Deutschland (من تنها در آلمان هستم.)

O Ich bin zusammen mit _____ in Deutschland.

Ich bin _____ Jahre alt. Mein Geburtsdatum (روز تولد) ist der _____.

Meine Haarfarbe ist _____ (رنگ موی من)

Meine Augenfarbe ist _____ (رنگ چشم من)

Ich spreche _____

Ich lerne jetzt _____

_____

12.2 Das kann ich gut. Das mache ich gerne.

□ Ich spreche □ Deutsch □ Englisch □ _____ □ _____

□ Ich war in meinem Heimatland _____ Jahre in der Schule.

□ Ich habe einen Beruf gelernt. Ich habe als _____ gearbeitet.

Ich kann gut (من بخوبی می توانم)

□ mit Holz (چوب) arbeiten □ mit Metall (فلز) arbeiten □ malen (نقاشی)

□ mit Pflanzen und im Garten arbeiten (با گیاهان و در باغچه کارکنم)

□ mit Elektrogeräten und am PC arbeiten (با لوازم برقی و کامپیوترکارکنم)

□ Senioren oder Kranken helfen (به افراد سالمند و یا مریض کمک دکنم)

□ mit Kindern spielen

□ putzen (تمیزکردن، رفت رو کردن) □ einem Hausmeister helfen (به سریدارمنزل کمک کنم)

□ kochen (آشپزی کنم) □ Kleidung nähen (لباس بدوزم)

□ _____ □ _____

□ Ich habe einen Führerschein (گواهینامه رانندگی در آلمان را دارم) für Deutschland.

□ Ich kann schwimmen.

Das mache ich gerne (من این چیزها را دوست دارم)

□ Musik hören □ singen □ tanzen □ wandern

□ Sport □ Fußball spielen □ Rad fahren □ _____

Name: _____ Vorname: _____

Alter: _____ Herkunftsland: _____

Ankunft in Deutschland: _____ Telefonnummer: _____

E-Mail Adresse: _____

Landherr / Streicher / Hörtrich: Arbeitsheft Farsi/Dari Deutschkurs für Asylbewerber
© Auer Verlag – AAP Lehrerfachverlage GmbH, Augsburg

12.3 Ich arbeite als Altenpfleger (کارمن مراقبت افراد پیر هست)

Wie geht es Ihnen heute?	حال شما چطوره امروز؟
Wie haben Sie geschlafen?	خوب خوابیدید / چه جور خوابیدید؟
Kann ich Ihnen helfen?	میتوانم به شما کنم؟
Haben Sie Schmerzen?	درد دارید؟
Wo haben Sie Schmerzen? Zeigen Sie es mir.	کجا درد دارید؟ به من نشان بدهید.
Brauchen Sie etwas?	به چیزی احتیاج دارید؟
Entschuldigung, wohin gehen Sie?	ببخشید، کجا میروید؟
Hat es Ihnen geschmeckt?	غذا به شما مزه کرد ؟ از غذا خوشتان آمد؟
Wollen Sie etwas zu trinken / ein Buch / etwas mit mir spielen ...?	می خواهید چیزی بنوشید / یک کتاب / با من بازی کنید ... ؟
Ich bringe Ihnen das Essen / etwas zu lesen / Ihre Brille / Ihre Medikamente / Ihre Tabletten / ein Glas Wasser / Tee	من برای شما غذا می آورم / چیزی برای خوردن / نامه شمارا / داروهای شما را / قرص های شمارا / یک لیوان آب / چای ...
Ich messe Ihren Blutdruck. Er ist sehr gut. Er ist ein wenig zu hoch. / Er ist ein wenig zu niedrig. – Keine Sorge.	فشار خون شما را انداز می گیرم خیلی خوبه یک کمی بالاست / یک کمی پایین هست - مهم نیست / ناراحت نباشید.
Warten Sie. Ich helfe Ihnen.	صبرکنید. من به شما کمک می کنم.
Ich helfe Ihnen beim Anziehen / Ausziehen / Essen / Trinken / Aufstehen / Waschen /...	من برای لباس پوشیدن به شما کمک می کنم / لباس درآوردن / غذاخوردن / نوشیدن / بلند شدن /شستن / ...
Wir gehen in den Speisesaal / nach draußen / spazieren /...	ما به سالن غذاخوری می رویم / بیرون / گردش / ...
Ich hole Hilfe. - Bitte helfen Sie mir!	من کمک می آورم. – لطفاً به من کمک کنید!

Wo ist ihr ...? (... شما کجاست؟)

Rollator

Rollstuhl

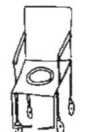
Toilettenstuhl

Hörgerät

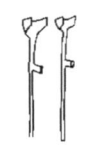
Wo sind Ihre Krücken?

12.4 Ich arbeite als Hausmeister (من بعنوان سریدار کار می کنم)

Ich helfe dem Hausmeister der Schule.	من به سریدار مدرسه کمک می کنم.
Was machen wir heute?	امروز چه کار کنیم؟
Wir streichen die Wand mit Farbe und Pinsel.	ما دیوار را با رنگ و قلم مویی رنگ می کنیم.
Der Wasserhahn tropft / ist undicht. Wir müssen ihn reparieren.	شیر آب می چکد / آب نشت می کند. ما باید آن را تعمیر کنیم.
Die Lampe ist kaputt. Wir müssen sie auswechseln.	لامپ خراب است. ما باید آن را عوض کنیم.
Wir tragen Tische und Stühle in den Raum x.	ما میز و صندلی را با اطاق .. حمل می کنیم./ می بریم
Wir sind in der Werkstatt und machen Vogelhäuser.	ما در کارگاه هستیم و برای پرندگان قفس می سازیم.
Wir arbeiten heute im Freien. Bitte warm anziehen.	ما امروز در فضای آزاد کار می کنیم. لطفاً لباس گرم بپوشید.
Ich bin fertig. Was soll ich jetzt machen?	من آماده ام. حالا چه کار باید بکنم؟
Bitte kehre den Schulhof mit dem Besen.	لطفاً حیاط مدرسه را با جارو تمیزکن.
Bitte räume den Schnee mit der Schneeschaufel.	لطفاً برف را پارو کن.
Bitte leere die Mülleimer.	لطفاً ظرف آشغال را خالی کن.
Bitte reinige den Boden mit dem Staubsauger.	لطفاً با جاروبرقی زمین را تمیزکن.
Jetzt ist Pause. Wir machen Brotzeit.	الان وقت استراحت است. ما غذا می خوریم.

Farbe und Pinsel

Wasserhahn

Lampe

Vogelhaus

Besen

Schneeschaufel

Mülleimer

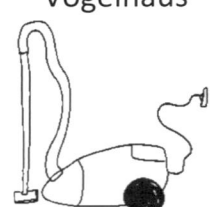

Staubsauger

12.5 Ich arbeite im Hotel/Restaurant (من در یک هتل / رستوران کار می کنم.)

Was ist wichtig bei der Arbeit?	چه چیزی هنگام کار مهم است؟
Wir waschen unsere Hände (bevor mit Lebensmitteln gearbeitet wird).	قبل از آماده کردن غذا دست های خود را می شوئیم.
Wir spülen Teller in der Spülmaschine: Wir stapeln die Teller in den Tellerkorb. Wir spritzen die Teller ab, bevor wir sie in die Spülmaschine stellen.	بشقاب ها را در ماشین ظرفشویی می شوریم: بشقابها را در سبد مخصوص بشقاب می گذاریم. بشقاب ها را قبل از گذاشتن توی ماشین ظرفشویی کمی با آب می شوییم.
Wir legen Besteck in den Besteckkorb. Wir spritzen es mit der Vorreinigungsbrause ab. Dann kommt es in die Spülmaschine.	کارد و چنگال را در سبد مخصوص کارد و چنگال می گذاریم. آن ها را قبلاً زیر شیر آب کمی تمیز می کنیم. بعد آن ها را توی ماشین ظرفشویی قرار می دهیم.
Kurz vor Feierabend reinigen wir den Boden und unseren Arbeitsbereich.	زمان کوتاهی قبل از تعطیل کار، ما زمین اطراف محل کارمان را تمیز می کنیم.
Was machen wir heute?	امروز چکار می کنیم؟
Wir räumen die Warenlieferung ein.	ما اجناس واردشده را جا بجا می کنیم/ توی انبار جا میدهیم.
Wir polieren Besteck und Gläser.	ما کارد و چنگال و لیوان هارا جلاٰ می دهیم / پاک می کنیم.
Wir spülen Töpfe und Pfannen.	ما دیگ و ماهی تاوه ها را می شوییم.
Wir schälen Kartoffeln, Karotten und Zwiebeln.	ما سیب زمینی و پیاز پوست می کنیم.
Wir leeren die Mülleimer.	ما سطل آشغال را خالی می کنیم.
Wir reinigen den Boden mit dem Besen.	ما زمین را با جارو تمیز می کنیم.

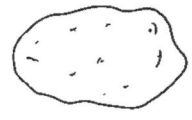

Kartoffel

Zwiebel

Karotte

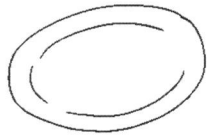

Teller

Tellerkorb

Besteck

Spülmaschine

Hände waschen

12.6 Ich gehe schwimmen (من میروم شنا کنم.)

Schwimmen im See und im Fluss ist sehr gefährlich.

(شنا در یک دریاچه یا یک رودخانه خیلی خطرباک است.)

Steiles Ufer, tiefe Stellen

(ساحل با شیب تند، آب عمیق.)

Gefährliche Dinge und Pflanzen

(اشیاء خطرناک و گیاهان)

Strudel und Wasserfälle

(گرداب و آبشار)

Schwimmen im Freibad ist sicher.

(شنا در استخرهای عمومی امن است)

Aufsicht

(نجات غریق)

Nichtschwimmerbereich

(بخش شناگران ناوارد/ مبتدی)

leichter Ausstieg

(برای راحت تربیرون آمدن از استخر)

Notruf 112

(شماره تلفن اظطراری / اورژنس 112)

آنان که نمی توانید شنا کنند   شناگران

Landherr/Streicher/Hörtrich: Arbeitsheft Farsi/Dari Deutschkurs für Asylbewerber

12.7 Wir schützen gemeinsam unsere Erde (با هم از کره زمین حفاظت کنیم)

Viele kleine Leute an vielen kleinen Orten, die viele kleine Schritte tun, können das Gesicht der Welt verändern.

(تعداد بسیار افراد کوچک در جاهای زیاد و کوچک با قدم های کوچک بسیار، می توانند چهره دنیا را عوض کنند).

Wir sparen Wasser und Energie.
(ازمصرف آب و انرژی صرفه جویی می کنیم.)

  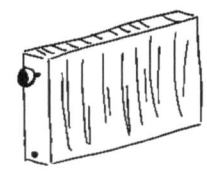

Wasser sparen   Strom sparen   Heizung zurückdrehen   Licht ausmachen

Wir vermeiden Müll. (آشغال تولید نمی کنیم.)

Wir sortieren Müll. (آشغال را جدا می کنیم.)

Wir sammeln in der Mülltonne (آشغال را داخل سطل آشغال جمع آوری می کنیم.):

Papier   Bioabfälle   Restmüll   Gelbe Tonne

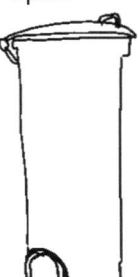 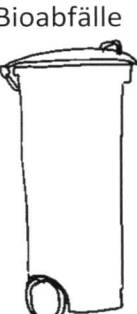 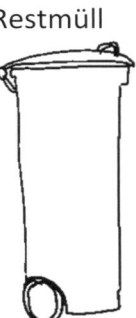 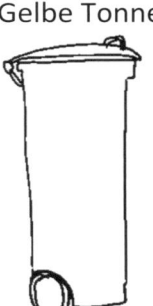

Zum Wertstoffhof (مرکز ریسایکلینگ) bringen wir

- Metall,
- Elektrogeräte,
- Glas: weiß, grün, braun
- Schadstoffe: Batterien, Farben, Öl...

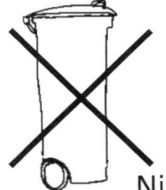

Nicht in die Mülltonne!

12.8 Das Alphabet

A a
a
Apfel

B b
be
Brot

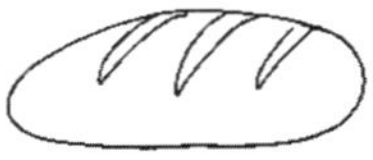

C c
ce
Computer

D d
de
Datum
22.5.2015

E e
e
Elektrizität

F f
ef
Fisch

G g
ge
Garten

H h
ha
Haus

I i
i
Information

J j
jot
Jacke

K k
ka
Küche

L l
el
Lampe

M m
em
Musik

N n
en
Nase

O o
o
Orange

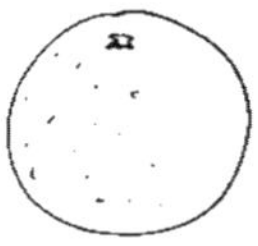

P p
pe
Papier

Q q
ku
Qualifikation

R r
er
Reis

S s
es
Sonne

T t
te
Tisch

U u
u
U-Bahn

V v
vau
Violine

W w
we
Wasser

X x
ix
Xylofon

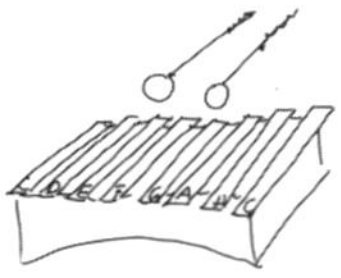

Y y
üpsilon
Yoga

Z z
zett
Zucchini

Eu
eu
Euro

12.9 Das kann ich schon (من می توانم این را بخوبی انجام دهم)

- **Tunwort** (فعل) **Was** tue ich?

schreiben	lernen	können	sein (بودن)
ich schreibe	ich lerne	ich kann	Ich bin
du schreibst	du lernst	du kannst	du bist
er/sie/es schreibt	er/sie/es lernt	er/sie/es _____	_____ ist
wir schreiben	wir lernen	wir können	wir sind
ihr schreibt	ihr lernt	ihr könnt	ihr seid
sie schreiben	sie lernen	___ _____	sie _____

- **Zeitformen** (زمان ها) **Wann** tue ich etwas?

	lernen	gehen	sein
heute	ich lerne	ich gehe	ich bin
gestern	ich habe gelernt	ich bin gegangen	ich bin gewesen
morgen	ich lerne	ich gehe	ich bin

- **Namenwort** (اسم) **Wer** tut etwas? **Einzahl** **Mehrzahl**

der Mann	die Frau	das Kind	die Kinder
ein Sohn	eine Tochter	ein Baby	die Babys
mein Vater	meine Mutter	mein Buch	meine Bücher
unser Bruder	unsere Schwester	unser Zimmer	unsere Zimmer

- **Eigenschaftswort** (صفت) **Wie** ist etwas? **Gegenteil** (مقابل)

klein	kleiner	am kleinsten	groß
groß	größer	am größten	klein
schnell	schneller	am schnellsten	langsam
billig	billiger	am billigsten	
_____	_____	_____	_____
			kalt

- **Verhältniswort** (حرف اضافه) **Wo** ist etwas?

in/im   an/am   auf   unter   neben   über   hinter   vor   zwischen

BESTELLUNG PER FAX

Deutschkurs für Asylbewerber

Thannhauser Modell

Unterstützt durch

Av Auer

Bestellschein bitte faxen an:

0821/5 99 77 99–5

E-MAIL bestellservice@auer-verlag.de

Stück	Bestell-Nr.	Kurztitel	*Preis € je
	07901	Arbeitsheft englisch	6,50 €
	07902	Foliensatz neutral	25,00 €
	07903	Foliensatz digital	25,00 €
	07904	Arbeitsheft französisch	6,50 €
	07905	Arbeitsheft arabisch	6,50 €
	07906	Arbeitsheft neutral	6,50 €
	07907	Lernkartei	25,00 €
	07930	Arbeitsheft tigrinya	6,50 €
	07931	Arbeitsheft farsi/dari	6,50 €

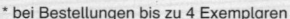

* bei Bestellungen bis zu 4 Exemplaren

Lieferung an:

☐ **Privatadresse**

Kundennummer (falls vorhanden)
_____

Name, Vorname
_____

Straße, Nr.
_____

PLZ, Wohnort
_____

E-Mail-Adresse*
_____

☐ **Institutionsdresse**

Kundennummer (falls vorhanden)
_____

Name der Institution
_____

Straße, Nr.
_____

PLZ, Ort
_____

E-Mail-Adresse*
_____

☐ *Mit der Angabe meiner E-Mail-Adresse erteile ich dem Auer Verlag die jederzeit widerrufliche Zustimmung zum Erhalt von Informationen per E-Mail

Datum _____   Unterschrift _____